DICTIONNAIRE

DE

LITTÉRATURE CHRÉTIENNE

[illegible]

LA
JEUNE MALADE
DE DIX ANS

On avait placé sur sa tête une couronne de fleurs
blanches et bleues ; sa main droite tenait un cierge
orné d'un bouquet de roses.

LA

JEUNE MALADE

DE DIX ANS

Je veux vous raconter les derniers instants d'une jeune fille de dix à onze ans qui dans cet âge si tendre où à peine on comprend de la religion ce qu'elle a d'extérieur et de sensible, fut un prodige de vertu et de résignation à la sainte volonté de Dieu, dans une longue et cruelle maladie.

Voici comment je la connus. La veille

d'une grande solennité, le tribunal de la pénitence où je siégeais en ma qualité de vicaire de la paroisse de N..., était entouré d'un nombre considérable de fidèles qui venaient implorer leur pardon et se mettre en état de s'asseoir le lendemain à la table sainte. J'aperçus parmi eux une de ces douces et fraîches physionomies de jeune petite fille où se peignent en traits si purs la candeur et l'innocence de cet âge. Quand son tour fut venu, j'allais la renvoyer.

« Ma bonne petite, il ne faut pas venir, vous qui êtes si jeune, lorsque vous voyez tant de monde ; je n'ai pas le temps de vous entendre aujourd'hui.

— Mon Père, répondit-elle avec ingénuité, il y a juste un mois que je n'ai eu le bonheur de me confesser : depuis l'âge de sept ans, il m'a été recommandé d'approcher tous les mois du tribunal de la pénitence ; je ne voudrais pas y manquer. Oh ! je vous en prie, écoutez-moi ; je vous promets que je serai bien sage, et que je ne vous donnerai pas beaucoup de peine. »

Je n'insistai pas. En m'adressant cet

ange, Dieu voulait sans doute me donner un moment de consolation dans les fonctions si pénibles que j'exerçais alors. Du reste, je me sentis secrètement attiré vers cette âme pure. J'ai toujours beaucoup aimé les jeunes enfants à cause de cette innocence baptismale qu'ils n'ont point encore perdue ; et je me souvins de cette tendre et tout aimable parole du bon Maître : Laissez venir à moi les petits enfants : *Sinite parvulos venire ad me.* Je tenais alors sa place. Un petit enfant venait à moi : pouvais-je le renvoyer sans le bénir ?

Depuis ce jour, Marie C*** fut exactement fidèle à sa règle. Tous les mois elle venait recevoir mes conseils et mes encouragements. Elle s'était engagée à être bien sage, et je puis assurer que sur ce point elle a été jusqu'à la fin esclave de sa parole. Une modestie angélique, un fonds de bon sens et de raison, un goût décidé pour la prière, avec une heureuse physionomie dans laquelle on pouvait déjà remarquer cette teinte de mélancolie qui est le résultat d'une tendre piété, et qui néanmoins ne lui ôtait rien des grâces simables de son âge : tout cela me la rendit infiniment chère, et je promis à Dieu dans mon cœur de cultiver avec un soin parti-cuiler cette jeune plante qui promettait les fruits les plus abondants.

Mais elle était déjà mûre pour le ciel. Née avec une santé délicate, elle éprou-vait depuis plusieurs mois de fréquents maux de cœur. Son mal fit des progrès si rapides qu'elle fut obligée de garder le lit. Ici commence cette vie de patience et d'humble résignation qui nous a singuliè-rement édifiés.

Marie souffrait beaucoup. Des enflures considérables parcouraient l'une après l'autre toutes les parties de son corps. Avec un dégoût presque absolu pour toute espèce d'aliments, elle éprouvait les désirs et les fantaisies assez ordinaires chez les personnes atteintes du même mal ; et lorsque ce qu'elle avait le plus désiré lui était offert, ou elle n'en voulait plus, ou, si elle essayait de le manger, elle ne le gardait que quelques minutes dans son estomac. Figurez-vous la peine et le travail que donne à dix ans un en-fant ordinaire. Mais Marie était au-dessus de son âge. Elle avait sans cesse le sourire sur les lèvres. Lorsqu'elle venait d'éprouver une crise douloureuse, pour le croire il fallait en avoir été témoin oculaire, tant on la voyait tranquille, aimable et contente !

Quand on lui demandait si elle souffrait beaucoup : « Eh bien ! répondait-elle, c'est comme Dieu veut : il faut bien souffrir quelque chose pour expier ses péchés. » Pauvre petite ! quels péchés avait-elle donc à expier ? Sans doute elle voulait parler des plaintes légères et des petites vivacités que lui arrachait quelquefois la violence du mal. Elle en éprouvait aussitôt un regret si vif, qu'elle se désolait, jusqu'à ce qu'elle me vît auprès d'elle.

Dans mes fréquentes visites, je lui disais quelquefois : « Marie, n'êtes-vous pas fâchée de mourir ?

— Oh ! non, bien sûr !

— Et pourquoi, mon enfant ? vous êtes si jeune !

— Parce que j'irai vers le bon Dieu : si je restais encore longtemps sur la terre, peut-être je me perdrais comme tant d'autres.

— Mais est-il bien sûr que vous irez vers le bon Dieu?

— Comment pourrais-je en douter? C'est vous qui me l'avez dit l'autre jour. Vous en souvient-il?

— A la bonne heure, mais je puis me tromper. »

Alors elle me regardait avec un sourire charmant, et ajoutait :

« Mon Père, vous voulez sans doute plaisanter : comment est-il donc possible que vous vous trompiez? Lorsque vous me dites quelque chose, c'est tout comme si le bon Dieu me parlait. »

Quelle foi! C'est cette vertu qui lui épanouissait le cœur lorsqu'elle me voyait auprès d'elle. Elle vénérait Jésus-Christ même dans la personne de son ministre. Belle leçon pour un grand nombre de chrétiens!

Marie, comme toutes les âmes pures, avait une tendre dévotion pour sa bonne patronne, la sainte Vierge. Elle l'aimait tellement, que ses parents et ceux qui la veillaient se servaient du nom de cette Vierge pure pour soulager et distraire la jeune malade dans les moments où elle souffrait avec plus de violence. « Marie, regarde la sainte Vierge; elle te soulagera. » Aussitôt les yeux de la vierge de dix ans se fixaient amoureusement sur l'image de la Mère de Dieu, qu'elle avait fait placer au pied de son lit, et elle couvrait de baisers une médaille miraculeuse que je lui avais donnée, et qu'elle avait suspendue à son cou.

« Mon Père, me disait-elle quelquefois, si je vais au ciel, verrai-je la sainte Vierge?

— Sans doute, mon enfant.

— Et je pourrai lui parler?

— Quand vous voudrez, pauvre petite.

— Mais il me sera permis de l'embrasser, de lui faire de bonnes caresses?

— Tout cela vous sera facile, ma chère Marie.

— Oh! murmura-t-elle alors, quel bonheur!

« Quand sera-ce, mon Père?

— Ma fille, quand vous mourrez!

— Quand est-ce que je mourrai?

— Dieu le sait, mon enfant! Vous ne

voulez que ce que Dieu veut, n'est-ce pas ?

— Oh ! oui, sa sainte volonté.

— En attendant, vous serez toujours bien sage ?

— Et que faut-il faire pour être bien sage dans les maladies ?

— Peut-être que vous ne le savez pas bien ?

— Mon Père, vous me l'avez dit, il y a quelque temps : il faut souffrir avec douceur et patience, et bien prendre tous les remèdes. Mais... il y a certains moments... on dirait que quelqu'un me pousse à l'impatience et à la vivacité..... n'est-ce pas le démon qui fait cela ?

— Oui, c'est lui-même ; ne l'écoutez jamais. »

Marie n'avait pas encore fait sa première communion. Ce petit cœur soupirait ardemment après la première visite de son Dieu. Depuis plusieurs mois je m'appliquais à lui donner l'instruction nécessaire. Nous allions lentement. Les leçons étaient courtes ; je ne voulais pas la fatiguer par de trop longues séances. Mais comme, sur la fin, je craignais que la maladie, qui s'aggravait de jour en jour, ne me donnât pas le temps de l'instruire suffisamment, sans rendre les leçons plus longues, je cherchai à les multiplier. Dans cette vue, je chargeai une personne pieuse que la jeune malade affectionnait d'aller tous les jours lui apprendre le catéchisme. Celle-ci regarda cette commission comme un rare privilége et une faveur du Ciel ; elle s'acquitta si bien de cette bonne œuvre, qu'en peu de temps je jugeai qu'il ne fallait pas différer davantage, et que ma petite pénitente était en état de recevoir les sacrements. Je lui annonçai donc que le jeudi après le dimanche du Bon Pasteur elle ferait sa première communion. Quelle nouvelle pour Marie ! Sa joie se manifesta par des démonstrations si touchantes, qu'il me fut impossible de retenir mes larmes. Aussitôt elle appela sa mère pour lui faire part de cette bonne nouvelle. Elle en parlait à toutes les personnes qui venaient la visiter. Elle voulut apprendre par cœur le cantique :

> Jésus quitte son trône
> Pour descendre en mon cœur.

Elle ne cessait de le répéter lorsqu'elle était seule dans son appartement. Quelquefois, arrivé à la porte, je m'arrêtais pour écouter cette voix enfantine, qu'animait le sentiment d'une tendre piété, chanter sur les bords du tombeau son hymne d'amour au Dieu de l'innocence. Je ne saurais rendre les émotions que j'éprouvais alors.

Enfin arriva le jour tant désiré. Dès le matin, des personnes pieuses, parentes de Marie, dressèrent un autel dans la chambre de notre jeune malade, en face de son lit. C'était une grande table enveloppée d'une étoffe soyeuse sur laquelle se dessinait la broderie d'une belle pente d'autel en tulle. Au-dessus s'élevaient de chaque côté deux élégants gradins garnis de cierges et de quatre riches bouquets artificiels. Sur le milieu de l'autel, entre les gradins, était un trône élevé qui figurait un tabernacle et qui servait de piédestal à une jolie statue de la sainte Vierge, ornée d'un voile blanc et d'une élégante et fraîche couronne de fleurs. Deux grands rideaux de mousseline dont les extrémités inférieures venaient

se rattacher aux côtés de l'autel, couron-
naient ces pieuses décorations, et for-
maient par le développement de leurs
vastes plis un petit sanctuaire éblouis-
sant de blancheur.

La jeune malade était en costume blanc.
On avait placé sur sa tête une couronne
de fleurs blanches et bleues, emblèmes
d'innocence et de virginité. Sa main droite
tenait un cierge orné d'un bouquet de
roses.

C'était le jour où l'on portait dans la
paroisse la communion aux infirmes.
Tous les ans nous donnions à cette cérémonie la plus grande solennité possible;
et, cette année-là, la circonstance de la
première communion de la jeune Marie
avait attiré une grande foule. J'avais
chargé quelques personnes de se tenir
auprès de Marie, pour l'aider à faire sa
préparation à la communion.

Au moment où les chants religieux an-
noncèrent l'approche du très-saint Sacrement, Marie pria ses amies d'enton-
ner son cantique favori : *Jésus quitte son
trône*, etc. Elle ne cessa de chanter avec
elles jusqu'à ce que l'adorable Sacrement

eût été déposé par le prêtre sur l'autel qui l'attendait. Dès que le ministre sacré eut mis le pied dans la chambre, Marie perdit sa pâleur habituelle. L'émotion que lui causait cette solennité, l'ardeur d'une tendre piété, avaient ramené des roses sur ses joues. Pendant que le prêtre lui parlait de son bonheur, la jeune vierge, les yeux fixés sur lui, semblait dévorer toutes les paroles qui sortaient de sa bouche sacrée. Elle était absorbée par la sainte préoccupation des grandes choses que Dieu allait opérer en elle. Un silence profond régnait dans l'appartement, où se pressait une foule avide de ce ravissant spectacle. Tous les assistants versaient des larmes d'attendrissement, et quand le prêtre eut livré le corps du Sauveur à cette âme pure, il fut si ému, qu'à peine il put achever les prières du Rituel. Dès que le très-saint Sacrement se mit en marche pour se retirer, les cantiques recommencèrent, et durèrent longtemps encore. On ne pouvait plus s'arracher de cette chambre, théâtre de tant de merveilles. Ce n'était plus une habitation terrestre : l'autel étincelant de lumières, la douce vapeur de l'encens, et surtout la présence d'un ange qui ne faisait plus qu'un avec son Dieu, tout y donnait un avant-goût du ciel.

Marie fut le sujet de toutes les conversations. Les mères proposaient son exemple à leurs enfants. Ceux-ci disaient qu'ils voulaient être sages comme elle. Chacun éprouvait un nouvel attrait pour la vertu, et plusieurs avouèrent ingénument que la vue de cette cérémonie sainte avait fait sur eux plus d'impression que le discours le plus éloquent.

La jeune malade voulut garder pendant toute la semaine le costume blanc de sa première communion, imitant, sans le savoir, l'usage de la primitive Église, qui faisait porter à ceux qu'on avait baptisés le samedi saint la robe blanche du baptême jusqu'au dimanche après Pâques. N'avait-elle pas reçu un baptême d'amour?... Elle voulut pareillement qu'on ne dérangeât point l'autel dressé dans sa chambre, afin que la vue de ces objets pieux lui rappelât à chaque instant du jour la faveur que, si jeune encore, elle avait reçue de son Dieu.

Quelques semaines après, en arrivant chez elle, j'aperçus un drap blanc tendu le long du mur, à côté de la porte. C'est par ce signe qu'on annonce dans la paroisse le trépas de l'innocence. Je monte rapidement l'escalier. Aucun cri de douleur ne se fait entendre : tout est calme, rien n'indique un malheur. Me serais-je trompé ?... Marie vivrait-elle encore ?... Non, elle était morte ! Ses parents étaient là ; mais il ne leur venait pas en pensée de pleurer le départ d'un ange pour le ciel. J'entrai dans la chambre mortuaire. Jamais je n'avais vu l'image d'un plus doux sommeil. La mort n'avait pas effacé ce léger sourire qui donnait tant de grâce et de douceur à cette physionomie de dix ans. Ses yeux étaient modestement baissés comme lorsqu'elle priait Jésus ou sa bonne Mère, la sainte Vierge. Sa bouche légèrement entr'ouverte paraissait exhaler encore le dernier soupir. Je trouvai auprès du lit une jeune personne, celle qui avait rempli auprès de Marie les fonctions de catéchiste. Elle la contemplait d'un œil jaloux en récitant des prières, et, de temps à autre trempant un rameau d'olivier de la semaine sainte dans un vase rempli d'eau bénite, elle faisait des aspersions en forme de croix sur le corps inanimé.

Le lendemain, il y eut foule aux funérailles de la jeune vierge. Six jeunes filles en habits blancs portaient le cercueil. La couronne de la première communion était posée sur la tête de Marie. Dans ses mains jointes on voyait cette médaille miraculeuse qu'elle aimait à couvrir de ses baisers pendant les douleurs de sa maladie. Autour du corps régnait un feston de roses, de laurier et d'immortelles. C'est dans cet appareil virginal que fut portée à sa demeure dernière celle qui, dans un âge encore bien tendre, avait rendu témoignage à la vérité de ces paroles de l'Esprit-Saint : *Ex ore infantium et lactentium perfecisti laudem* : Seigneur, vous avez tiré votre gloire de la bouche des enfants et de ceux qui sont encore à la mamelle.

VISION DE BOSSALDAB

CONTE MORAL

TRADUIT DE L'ALLEMAND LIEBESKIND

Bossaldab, sultan d'Égypte, avait un fils unique nommé Aboram. Il aimait ce fils comme un vieillard aime le reste de ses jours, lorsqu'il espère y jouir des travaux de ses jeunes années. Il amassait de grands trésors, et travaillait nuit et jour à laisser à son fils un pouvoir étendu et un trône éclatant. Sa puissance était déjà au plus haut point de splendeur, quand le jeune héritier fut frappé d'une flèche à la chasse, et mourut aussitôt.

Bossaldab était inconsolable; il s'arrachait la barbe, se frappait la poitrine et arrosait de ses larmes le corps de son fils; des cris de douleur frappaient au loin

les échos de la forêt. En vain ses servi-
teurs tâchaient de le consoler, il refusait
de les écouter ; il maudissait sa puissance,
ses trésors, il se maudissait lui-même ;
enfin, ne pouvant plus supporter les
hommes, il alla se cacher dans le plus
épais de la forêt. Là, couché dans la
poussière, il accusait dans son désespoir
l'injustice de la Providence. « A quoi
me servaient donc tant de trésors, di-
sait-il, s'il fallait voir mon fils unique
mourir dans la fleur de l'adolescence ?
Non, Dieu n'aime point les hommes; son
plaisir est de tourmenter les malheureux
et de détruire en un moment un bonheur
qui coûte tant de peine à acquérir. »
C'est ainsi qu'il passa trois jours sans
prendre de nourriture. Ses forces étaient
épuisées ; il était couché sans vie sur la
terre ; il voyait avec plaisir la mort s'a-
vancer, puisqu'elle devait mettre un terme
à sa douleur, lorsque tout à coup il
lève les yeux et voit à ses côtés un jeune
homme vêtu d'une robe bleu de ciel. Sa
tête était entourée d'une couronne de lis,
il tenait un rameau vert dont il toucha le
front du sultan. Aussitôt une nouvelle vie

se glissa dans ses membres ; son courage se ranima. « Bossaldab, dit le jeune homme, je suis l'ange de la paix, je viens t'instruire ; suis-moi. » Alors il le prit par la main et le conduisit sur une montagne élevée. « Regarde dans ce vallon, » lui dit-il. Bossaldab regarde, et voit une île stérile et inhabitée. Les flots de la mer venaient se briser sur ses rivages avec un bruit épouvantable, et y jetèrent un homme dépouillé de ses vêtements. Il portait d'une main une cassette pleine de diamants, et de l'autre il essayait de gravir un rocher escarpé ; il atteignait presque le sommet, et l'on voyait dans ses traits l'espoir qu'il avait de trouver une terre habitée, lorsque, étant parvenu au sommet du rocher, il ne vit devant lui qu'une plage sablonneuse et déserte. A cette vue il reste stupéfait, jette à terre ses diamants, et pousse des cris aussi forts que le bruit des vagues irritées.

Cependant il se met à parcourir la plaine pour chercher des racines, car aucun arbre ne croissait dans ces lieux solitaires ; le soleil se leva trois fois sur sa tête avant qu'il eût pu trouver une feuille

pour calmer sa faim. Pâle et épuisé, il se
coucha le long du rivage et attendant sa
mort.

« Fils du ciel, dit Bossaldab, laisseras-
tu ce pauvre homme mourir si misérable-
ment?

— Sois tranquille, dit l'ange, et fais
attention à ce que tu vas voir. »

Le sultan regarde, et voit un vaisseau
s'approcher de l'île. A cette vue, le malheureux recouvre ses forces ; il va se jeter
aux pieds du capitaine et lui offre ses
diamants s'il veut le recevoir. Contem-
plant ces richesses, le maître du vaisseau
fait signe aux matelots. Alors on attache
les pieds du misérable; on le laisse sur le
rivage, et le vaisseau continue joyeuse-
ment sa course.

« Ah ! dit Bossaldab, peux-tu voir un
tel crime sans en être indigné? Les scélé-
rats partent, et laissent le malheureux
mourir de faim.

— Tais-toi, dit l'ange, et regarde. »
Aussitôt le vaisseau pervers échoue sur
le rivage. « Entends-tu ces cris, Bossaldab? Personne ne se sauve, tous sont
engloutis par le poids de leur crime : et

tu voulais qu'ils reçussent avec eux ce misérable ! Ne blâme donc point les desseins de la Providence : elle a plus d'une voie pour sauver celui qui lui est cher. Cet homme, malgré ses richesses, est dans le besoin. La Providence le jette sur ce désert pour lui apprendre combien les trésors sont inutiles : heureux celui qui se laisse instruire par le malheur ! Mais regarde, et tais-toi. »

Bossaldab tourne les yeux, et du haut du rocher il voit la mer semblable à une plaine verdoyante. Ses yeux parcouraient avec admiration cette belle campagne, lorsqu'un palais de marbre blanc s'éleva du sein des eaux. Ses portes d'ivoire s'ouvrirent, et l'on vit un trône royal tout éclatant d'or et de diamants. Des courtisans sans nombre étaient alentour, et des ambassadeurs étrangers faisaient la cour à un jeune prince assis sur son trône. C'était Aboram, fils de Bossaldab.

« Bon génie, s'écria Bossaldab, c'est mon fils ! Oh ! laissez-moi, laissez-moi l'embrasser.

— Reste, dit l'ange, ce n'est qu'une image par laquelle je veux t'instruire et te montrer la folie de ta conduite et de ta douleur : regarde. »

Un festin avait succédé aux cérémonies et aux hommages des ambassadeurs. Le jeune roi partagea d'immenses trésors entre ses convives, et en un moment il dissipa ses richesses, qui avaient coûté tant de veilles et de travaux. Mais à peine ses courtisans s'étaient-ils parés de ces diamants qu'ils se révoltèrent contre lui. Quatre nouveaux trônes s'élevèrent alors sur les ruines du premier; quatre nouveaux rois y étaient assis. On se saisit alors d'Aboram, qui s'était enivré pendant le repas; on le chargea de chaînes et on le jeta dans un cachot, où, après de longues douleurs, il reçut la mort des mains d'un esclave.

Le sultan détourne les yeux. « Ah! c'est assez, s'écria-t-il, c'est assez!

— La soumission et la patience, reprit l'ange, t'auraient épargné ce spectacle.

— J'ai péché, dit le sultan, lorsque je murmurais contre la Providence; j'aurais dû lui rendre grâces : elle enleva mon fils innocent, lorsque les discours des flatteurs n'avaient point encore corrompu sa jeune âme.

— Oui, dit l'ange, heureux celui qui meurt à la fleur de l'âge et de l'innocence! Supporte donc tes maux avec patience, Bossaldab; les ouvrages des mortels sont périssables; il suffit de quelques années pour renverser leurs pompeux édifices; le nom des riches et des conquérants est bientôt oublié, tandis que l'homme bienfaisant est honoré de la postérité. »

Ayant ainsi parlé, l'ange de la paix s'éleva dans les cieux; le frémissement de ses ailes ressemblait au bruit d'une cascade, ou au murmure du feuillage agité par le zéphyr. Le sultan s'éveilla alors; il était encore couché au milieu de la forêt, le visage contre terre. Instruit par l'envoyé du ciel, il retourna dans son palais, et employa ses richesses au bonheur de ses sujets.

L'HEUREUX FERMIER

Le comte Arthur D***, qui joignait à une érudition profonde une tournure d'esprit tout à fait philosophique, s'était retiré à la campagne pour y goûter en paix, et sans crainte d'être interrompu, les charmes de la méditation. Le comte Arthur n'était pas seulement un homme vertueux et éclairé, c'était un ami de ses semblables, et dans son voisinage il n'était pas moins connu par la générosité de ses procédés que par la sagesse de sa conduite.

Parmi ses nombreux fermiers, il s'en trouvait un qui, bien que tenant la plus petite de toutes ses fermes et chargé d'une nombreuse famille dont l'existence dépendait du travail de son chef, n'en était pas moins le plus joyeux et le plus dispos de tous. Sa chaumière devait toute sa parure à la propreté; la frugalité et la simplicité étaient les compagnes ordinaires de son heureuse famille. Pour lui, toutes les circonstances de la vie, toutes les saisons, des premiers beaux jours du printemps aux derniers jours de l'hiver, avaient toujours quelque charme, parce qu'il était doué de cette heureuse disposition de caractère qui sait tirer avantage de tous les événements. Dans les revers, il était humble et soumis; dans la prospérité, il était reconnaissant. Il occupait déjà sa petite ferme lorsque le père du comte avait pris possession du domaine dont elle faisait partie, et depuis cette époque il n'avait jamais mis le moindre retard dans le paiement de son terme. Il n'avait jamais eu une dispute dans la paroisse. Il trouvait un adoucissement à ses travaux dans la pensée qu'ils étaient le soutien de sa famille; et ses occupations constantes, en contribuant à entretenir sa santé, ne lui laissaient pas le loisir de s'abandonner aux désirs d'une imagination souvent capricieuse, en même temps qu'elles le protégeaient contre de ridicules, d'absurdes ou de désastreuses passions. Il avait souvent, dans le cours de sa vie, réconcilié d'anciens ennemis, arrangé plus d'un différend, apaisé plus d'une querelle de famille, suggéré plus d'un projet avantageux aux pauvres de la paroisse, et jamais on n'avait surpris en lui le moindre sentiment d'envie à l'aspect des possessions d'un riche. Ces vertus, aussi inoffensives que modestes, lui avaient fait une telle réputation dans tout le pays, qu'il n'était désigné dans le voisinage que sous le nom de l'heureux fermier.

Le comte Arthur avait entendu parler de lui, et se décida à lui faire une visite pour juger par lui-même de la vérité des récits qu'il avait entendus; car, quoique le comte demeurât et fît beaucoup de bien dans le pays, la vie sédentaire et retirée qu'exigeaient ses études était cause qu'il ne connaissait personnellement qu'un petit nombre de ses fermiers, dont la plupart n'avaient guère de rapports qu'avec l'intendant. Mais un homme du caractère de l'heureux fermier était un objet trop rare pour ne pas exciter la curiosité d'un philosophe ; en conséquence, le comte résolut de consacrer une soirée à cette récréation, qui était tout à fait de son goût.

M. Arthur arriva à la ferme environ une demi-heure avant le coucher du soleil, au moment où le sombre crépuscule revêt tous les objets de sa modeste livrée. Le fermier (que nous nommerons Matthieu) se reposait tranquillement à la porte de sa chaumière, entouré de ses enfants. Sa femme était occupée devant la cheminée à préparer un souper aussi propre que simple et frugal. Le fermier connaissait son maître ; il se leva dès qu'il le vit, et lui offrit respectueusement le meilleur siége de sa maison.

« Monsieur le comte, dit le fermier, me voici dans une habitation peu spacieuse, mais où je me trouve heureux. Je vis sur vos terres depuis longues années, et si vous trouvez bon de renouveler mon bail, qui expire à la Saint-Michel prochaine, ce sera avec grand plaisir que je terminerai ma carrière à votre service. Si vous avez quelque affection pour moi, j'en ai beaucoup pour vous ; votre revenu est toujours prêt au jour dit, et je n'ai pas plus de raison de me plaindre de mon maître qu'il n'en a, je pense, de se plaindre de son fermier. Ainsi... »

M. Arthur l'interrompit pour le prier de lui faire voir le bail, et de lui procurer une plume et de l'encre, afin de le renouveler sur-le-champ.

« Une plume et de l'encre, Monsieur? répondit le fermier; comme je n'en fais point usage, je n'en ai point chez moi; je ne sais ni lire ni écrire, ces objets me seraient donc entièrement inutiles. Mais si vous avez besoin d'écrire, je puis envoyer acheter du papier et de l'encre à la boutique du village, et l'un de mes enfants ira prendre une des plumes de notre vieille oie, que j'aperçois justement là-bas se dandiner autour de son panier.

— Rien ne presse aujourd'hui, répondit le comte, je signerai une autre fois. Mais je vous avais regardé jusqu'à ce jour comme un savant, et je pensais que vous aviez puisé vos connaissances en économie domestique, en agriculture et en administration des terres, dans quelque recueil d'observations ou d'exemples sur ces matières.

— Non, en vérité, Monsieur, répondit le fermier; je suis un homme tout à fait illettré, et ne suis point du tout savant. Mon père n'était pas assez riche pour me donner de l'éducation, et depuis je n'ai trouvé ni temps ni facilité pour cela. La nature et mes yeux, voilà les seuls maîtres que j'aie jamais eus, et si j'ai pu vivre honorablement jusqu'à l'âge de soixante ans, si j'ai pu élever mes enfants d'une manière convenable à leur situation, si j'ai pu leur donner quelques habitudes de propreté, d'ordre et de modestie, si j'ai pu leur inspirer quelque amour pour la religion et pour la vertu, c'est à ces maîtres seuls que je le dois.

« Pourtant il est juste d'ajouter que mes occupations comme fermier m'offraient à chaque pas mille moyens d'instruction ; ma basse-cour elle-même m'a fourni d'abondantes leçons. Au bout de ce petit morceau de jardin, j'ai quelques ruches qui servent d'asile à de petits insectes industrieux qui me font voir combien il serait honteux pour moi de mener la vie d'un paresseux. Mon opinion formelle à cet égard est que celui qui ne fait pas de miel ne doit pas en manger; et cette pensée me donne une nouvelle force pour travailler à gagner mon repas avant d'aller le prendre. Je dois une meilleure leçon encore aux petits animaux qui habitent les taupinières. Appuyé sur ma bêche, je m'amusais un jour à observer leurs travaux; mais je me remis bientôt à l'ouvrage, dans la crainte que ces bêtes elles-mêmes n'eussent assez de sens pour se moquer de moi, qui m'occupais des affaires des autres au lieu de songer aux miennes. J'ai un vieux chien de basse-cour : — Ici Fidèle! Fidèle, ici! où êtes-vous, Fidèle? — Le voici. Le vieil animal a gardé mes vêtements pendant le jour, et ma chaumière pendant la nuit, jusqu'à ce qu'il eût perdu toutes ses dents; et il se montre à mon égard tel que je suis moi-même pour Thomas Trussy, un de mes vieux amis, que j'aime depuis ma plus tendre enfance. Il me rendit autrefois un service important au moment que j'en avais le plus grand besoin, et, tant que je vivrai, je ne l'oublierai jamais. Celui qui n'a pas de reconnaissance n'a point de cœur, et qui n'a pas de cœur vaut mieux mort qu'en vie : n'est-il pas vrai? car lorsqu'un homme ne fait pas du bien à son voisin, il n'a plus rien à faire dans ce monde. Nous sommes tous nés pour faire quelque chose, et celui qui rend un service mérite qu'on se souvienne de lui. Cette chère vieille femme que vous voyez, nous vivons ensemble, elle et moi, depuis quarante-six ans : je ne puis concevoir comment font les grands; mais je puis vous assurer que je trouve autant de plaisir dans ma constance qu'ils peuvent en trouver dans une conduite toute contraire. Le sourire d'une femme vertueuse est la plus riche des récompenses. Quant à la tendre affection que j'ai pour ces enfants, tous les êtres qui vivent autour de moi m'ont instruit de mes devoirs de père : le roitelet qui fait son nid sous le toit de ma chaumière, la truie elle-même qui dépose sa portée sous mes yeux, la jument qui met bas dans mes prés, tous m'enseignent à chérir mes enfants et à veiller attentivement sur leur vie. »

A ces mots, l'honnête fermier s'arrêta, et ordonna à l'aînée de ses filles d'apporter un pot de sa meilleure bière.

Le comte fut aussi frappé de la simplicité et du naturel du bon laboureur, que de la solidité de sa raison et de la justesse de ses observations. « Fermier, lui dit-il, vous m'affligez autant que vous me charmez. J'étais venu dans l'intention de vous offrir ma protection, et vous venez de me prouver que je ne puis rien pour vous. Je n'ai moi-même rien de plus que vous, si ce n'est une plus grande fortune ; et vous êtes si heureux dans la position où vous êtes, que quelque chose de plus pourrait détruire la régularité de votre plan. Vous êtes un heureux fermier et un philosophe naturel, sans avoir recours à de gros in-folio et à leurs systèmes, sans vous livrer aux travaux d'une vie sédentaire. Donnez-moi votre bail, que je l'emporte, je veux le déchirer, et...

— Comment, Monsieur le comte, interrompit le pauvre fermier tout tremblant, déchirer mon bail au lieu de le renouveler ! ma franchise où mon bonheur vous auraient-ils offensé ?

— Oui, mon bon Matthieu, répondit Arthur, je déchirerai votre bail, parce qu'à l'avenir vous n'en aurez plus besoin.

Ce petit espace de terre que vous avez si longtemps fécondé par vos sueurs sera désormais le patrimoine de vos enfants; dès ce jour vous en êtes propriétaire. Venez me voir demain matin, et je vous remettrai l'acte de donation en bonne forme, et, à compter d'aujourd'hui, vous voudrez bien me considérer non plus comme votre propriétaire, mais comme votre ami. Puissé-je vous voir souvent à ma table et dans mon jardin! en un mot, aussi souvent que le permettront les affaires de votre famille. Laissez - moi partager avec l'heureux fermier cette sagesse et cette intelligence qui surpassent si fort toutes les théories artificielles. »

Le fermier voulait se jeter aux pieds de son généreux bienfaiteur, mais le comte l'en empêcha. « Levez-vous, lui dit-il, la reconnaissance est tout entière de mon côté; et c'est vous qui me rendez un service, puisque, en échange de quelques arpents de terre dont je n'ai nul besoin, vous m'avez donné un trésor d'idées et de maximes plus précieux que tout l'or du monde; je ne les oublierai jamais. »

A partir de ce jour le comte et son fermier vécurent dans une intimité complète.

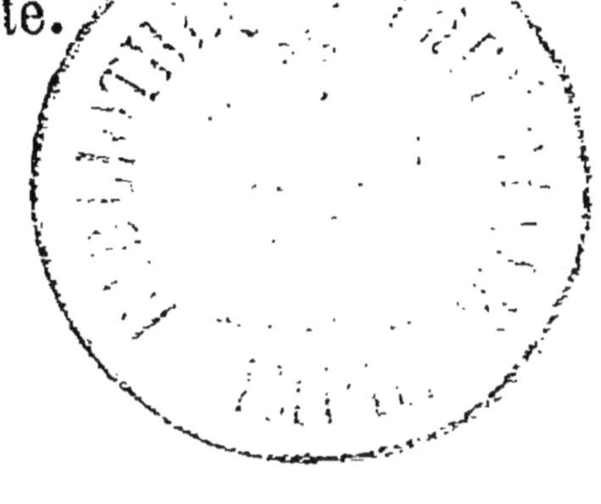

FIN

BIBLIOTHÈQUE

DE

L'ENFANCE CHRÉTIENNE

Par Mgr l'Archevêque de Tours

50 SUJETS OPUSCRITS

d'une gravure